HEYNE ‹

Wenn dein Geist unschlüssig ist,
versuche, mit deinem Herzen zu denken.

Dr. Patrizia Collard

Das kleine Buch vom vom Meditieren

10 Minuten am Tag für mehr
Entspannung, Energie und Kreativität

WILHELM HEYNE VERLAG
MÜNCHEN

Die Originalausgabe erscheint in Großbritannien unter dem Titel *The Little Book of Meditation* bei Gaia Books, ein Imprint von Octepus Publishing Group Ltd, Caxmelite House, 50 Victoria Embautement, EC4Y 0DZ, England

MIX
Aus verantwortungs-
vollen Quellen
FSC® C005833
FSC
www.fsc.org

Verlagsgruppe Random House FSC® N001967

Deutsche Taschenbucherstausgabe 11/2018

Copyright © 2018 by Patrizia Collard
Copyright © 2018 dieser Ausgabe by Wilhelm Heyne Verlag, München,
in der Verlagsgruppe Random House GmbH,
Neumarkter Straße 28, 81673 München
Alle Rechte sind vorbehalten. Printed in Germany.
Redaktion: Dr. Diane Zilliges
Illustrationen: © Jenny Römisch
Design und Layout: Guter Punkt München, nach einer Idee von
© Octepus Publishing Group Ltd
Umschlaggestaltung: Guter Punkt, München, unter Verwendung eines Motivs von
© Yuliya Derbisheva VLG / shutterstock
Satz: Guter Punkt, München; Vornehm Mediengestaltung GmbH, München
Druck und Bindung: Těšínská Tiskárna, Český Těšín
ISBN 978-3-453-70359-9

www.heyne.de

Inhalt

Einführung

Was ist eigentlich Meditation?

Meditation ist Medizin für Geist und Körper. Durch das Praktizieren von Meditation kann der unruhige Geist, der typisch für den Menschen des 21. Jahrhunderts ist, beruhigt werden. Während wir To-do-Listen abarbeiten, uns der multimedialen Informationsflut hingeben und stressige Arbeitstage hinter uns bringen, arbeitet unser Geist auf Hochtouren. Da fällt es oft schwer, auch nur für einen Moment zur Ruhe zu kommen und das ständige Gedankenkarussell zum Anhalten zu bringen. Doch mit ein bisschen Übung können wir lernen, die Gedanken an uns vorbeiziehen zu lassen und dabei völlig zu entspannen.

In diesem Büchlein finden Sie unterschiedliche Formen der Meditation, die aus verschiedenen spirituellen Traditionen entlehnt sind und einige, die speziell von Stress-spezialisten entwickelt wurden. Aber sie alle haben gemein, dass Sie Ihnen helfen, jeden Moment bewusst wahrzunehmen und im Hier und Jetzt zu sein. Denn genau in diesem Augenblick findet ihr Leben statt und Sie lernen, bewusst zu hören, zu schmecken, zu fühlen und tatsächlich zu sein, um für eine Weile aus dem Autopiloten auszusteigen. Probieren Sie es aus und gönnen Sie sich täglich ein paar Minuten der inneren Ruhe.

5 Minuten

Erster Versuch: Mein Lieblingsort, um entspannt und zufrieden zu sein

Setzen Sie sich ganz gemütlich an einen ruhigen Ort und wickeln Sie sich in eine Decke. Schließen Sie sanft die Augen und entspannen Sie Ihre Gesichtsmuskeln. Lassen Sie auch die Spannung im Nacken, den Schultern und wo immer Sie sich sonst verspannt fühlen los.

Nun beginnen Sie bewusst, langsam und tief ein- und auszuatmen. Bei jedem Einatmen empfangen Sie frischen Sauerstoff und stärkende Energie. Bei jedem Ausatmen fühlen Sie sich leichter und wohler.

Stellen Sie sich jetzt einen Ort vor, wo Sie sich frei und zufrieden fühlen. Ich gebe Ihnen hier eine kleine Auswahl, Sie können aber auch etwas ganz anderes wählen:

※ ein wohliger Raum mit einem offenen Kamin, in dem ein Holzfeuer glimmt

※ ein Sandstrand mit Palmen und azurblauem Meer

※ ein Garten mit wundervollen Pflanzen und Blumen

ein stiller, friedlicher Wald, mit Farnen, Moos und
Tieren.

Stellen Sie sich vor, an diesem Ort zu ver-
weilen. Sie sind vollkommen zufrieden
und fühlen sich sicher und ruhig. Achten
Sie zunächst auf alle Bilder und Dinge, die
Ihnen hier auffallen. Nehmen Sie sie wahr.
Sehen Sie sich die Farben an, vielleicht ist ja
ihre Lieblingsfarbe dabei.

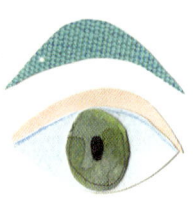

Lauschen Sie jetzt intensiv und nehmen Sie
die Geräusche um sich herum wahr. Was
gibt es da zu hören? Vielleicht den Wind,
Stimmen aus der Tierwelt, Ihre eigenen
Schritte?

Atmen Sie nochmals tief durch die Nase ein und
riechen Sie die Düfte an diesem Ort, genießen Sie
die Vielfalt an Duftnoten. Ist ein Geruch darunter,
der Sie besonders fasziniert, ja verzaubert?

Schmeckt die Luft nach Salz, wenn Sie in der Nähe eines Ozeans sind? Oder was nehmen Sie auf der Zunge wahr? Haben Sie vielleicht eine Beere gepflückt und gekostet?

Nun berühren Sie etwas an Ihrem Lieblings-entspannungsort: Heben Sie es auf, erfühlen Sie die Form, die Größe, die Schwere und auch, wie sich die Außenseite dieses Gegen-standes anfühlt: rau, glatt, kalt, warm, weich?

Jetzt haben Sie sich mit all Ihren Sinnen an diesem Ort verankert. Nehmen Sie noch einige weitere tiefe Atemzüge und empfinden Sie ganz genau, wie sich alles in diesem Moment anfühlt. Je entspannter und zufriedener Sie sich dort fühlen und je öfter Sie diese Übung wiederholen, desto leichter werden Sie in schwierigen Situationen diesen Entspannungszustand wiederherstellen können: Sie brau-chen sich nur an diesen magischen Ort zu erinnern und Ihr Körper wird dadurch automatisch entspannen. Je mehr Sie üben, desto schneller wird sich diese Reaktion ein-stellen. Ein Monat tägliche Praxis und es wird ein neuer neuraler Weg in Ihnen entstanden sein – direkt zum Entspannungszustand.

»Wenn wir heute allen Schulkindern Meditation beibringen, wirklich allen, und sie regelmäßig üben lassen, kann es bereits nach einer Generation sein, dass wir Menschen uns nicht länger bekriegen.«

Dalai Lama

Die Wirkung von Meditation

Meditation wird heutzutage nicht nur von immer mehr Menschen praktiziert und geschätzt, auch die Wissenschaft erkannte ihr Potenzial und beschäftigt sich seit einiger Zeit intensiv damit. Forscher wie die Neurologin Prof. Tania Singer studieren im Rahmen der sozialen Neurowissenschaften die Auswirkungen von Meditation auf den Körper, das Gehirn und unser ganzes Erleben.

Probanden, die regelmäßig Achtsamkeitsmeditation praktizieren, zeigten in der MRT (Magnetresonanztomografie) markante Veränderungen in der Hirnstruktur: Die Dichte in jenen Regionen, die für Kreativität, Kurzzeitgedächtnis, Entscheidungsvermögen, Empathie und Selbstmitgefühl verantwortlich sind, wächst an. Außerdem wurde beobachtet, dass man generell weniger leicht gestresst wird und Adrenalin oder Cortisol produziert. Diese eben genannten Stresschemikalien, sind zwar hilfreich, wenn man gerade einem Taschendieb entkommen will, nicht aber wenn es darum geht, klarer und kreativer zu denken und Möglichkeiten zu erkennen, Probleme zu lösen oder eine schwierige Anforderung zu meistern. Der meditierende Geist ist der schöpfende und erfinderische Geist und hilft uns auch generell verständnisvoller, liebevoller, geduldiger und einfühlsamer zu sein.

Weitere Vorteile sind die Verbesserung der Immunreaktionen und eine Beschleunigung beim Heilen mancher Krankheiten (zum Beispiel Schuppenflechte, chronische Schmerzen und sogar manche Krebserkrankungen). Meditation kann dazu beitragen, dass der Blutdruck sinkt und sich die Schlafqualität verbessert. Darüber hinaus gibt es Hinweise, dass Meditation die Hirnalterung bremst. Mehr noch: Meditierende tendieren dazu, längere Telomere zu bilden. Diese besonderen DNA-Abschnitte bewirken nach heutigem Forschungsstand, dass wir länger gesund bleiben und der Alterungsprozess verzögert wird.

Auch der therapeutische Effekt auf die Psyche ist mittlerweile neurowissenschaftlich untermauert und beruht insbesondere auf der Arbeit mit mentalen Bildern. Man hat festgestellt, dass bewusste Visualisierungen sehr ähnliche Muster in den Gehirnaktivitäten generieren wie tatsächlich erlebte Geschehnisse. So können wir zum Beispiel durch das wiederholte Visualisieren einer Angst einflößenden Situation (eine Prüfung, ein Vorstellungsgespräch oder Ähnliches) das Gehirn dazu konditionieren, vor dieser Situation viel weniger Angst zu haben. Es hat sie sozusagen »schon oft genug« erlebt, auch wenn es eigentlich nur vorgestellt war.

Gemeinsam mit Prof. Herbert Benson, Neurowissenschaftler an der Harvard-Universität, kam Tania Singer zu dem Schluss, dass das Gehirn dem visualisierten Denken einen ähnlich hohen Stellenwert einräumt wie der Erinnerung an tatsächliche Geschehnisse. Visualisiert man Emotionen wie Frieden, innere Ruhe, Einklang mit dem eigenen Selbst, Erfüllung und Liebe, werden sich genau diese Gefühle früher oder später in der Realität einstellen. Betont werden muss allerdings, dass es einer gewissen Regelmäßigkeit beim Meditieren bedarf, um all diese Resultate zu erzielen.

Trotz des Wissens, dass Meditation etwas Positives ist, haben nur wenige Menschen ein wirkliches Verständnis dafür, wie man Meditation einsetzen kann und welche unglaublichen Möglichkeiten wir durch sie haben, unser Leben besser zu gestalten. Wir können zum Beispiel lernen, nicht hilfreiche Gedanken auszublenden, von Zeit zu Zeit absolute Stille zu erfahren, unser Bewusstsein zu erweitern oder Körper und Geist einfach nur zu beruhigen. Die allererste Übung ab Seite 7 hat Ihnen bereits ein Gefühl dafür vermittelt.

Wie kam die Meditation nach Europa?

1911 begann Hermann Hesse eine Reise nach Ceylon (Sri Lanka) und vollendete aufgrund seiner Eindrücke 1922 das Buch *Siddharta*, die Lebensgeschichte des historischen Siddharta Gautama, der später als Buddha bezeichnet wurde. Dieses Buch gehört zu den meistgelesenen Werken des 20. Jahrhunderts. Neben vielen anderen begründete Hesse damit das wachsende Interesse der »Westler« an den östlichen Weisheiten und auch der Meditation.

Madonna tut es, Hugh Jackman, Clint Eastwood, Nicole Kidman, Sting und Paul McCartney tun es auch. Für mich waren es vor allem die Beatles, deren Lieder ich als Zehnjährige ins Deutsche übersetzte, weil ich sie so fantastisch fand. Es war meine erste indirekte Berührung mit Meditation.

Während der 1960er-Jahre pilgerten viele nach Indien und studierten Yoga und Transzendentale Meditation (TM) mit Maharishi Mahesh Yogi. Dieser Meister hatte in Bangor/North Wales ein Treffen inszeniert, bei dem auch die Beatles anwesend waren. Der von mir verehrte George Harrison wurde am kreativsten, nachdem er zu meditieren begonnen hatte. Er schrieb 48 Lieder!

Viele Jahre später, Mitte der 80er-Jahre, wurde Bangor University der Ort, wo ich meinen ersten akademischen Vertrag bekam. Zwanzig Jahre später wurde Bangor das Zentrum für achtsamkeitsbasierte Meditation, jene Form der Meditation, die bisher am intensivsten wissenschaftlich untersucht worden ist und die heute von vielen als Rettungsanker in einer Lebenskrise verwendet wird. Auch ich habe meine Ausbildung zur Meditationslehrerin an diesem wundervollen Ort gemacht.

In diesem Büchlein werde ich Ihnen in sechs Kapiteln unterschiedliche Meditationen vorstellen, damit Sie direkt erfahren, wie Sie Ihr »Jetzt« so gestalten können, dass es friedlicher, erfüllter und gesünder wird. Wenn Sie mitmachen und die Übungen wiederholt praktizieren, kann Ihr Leben freier von Angst, Stress, Ärger und Langeweile sein. Sie werden vermehrt fähig sein, sich auf die Ihnen wirklich wichtigen Dinge im Leben zu fokussieren.

Es gibt Hunderte von Praktiken. Ich habe mich bemüht, jene auszuwählen, die Sie leicht in den Alltag integrieren können. Eine Studie, die soeben abgeschlossen wurde, zeigt, dass schon täglich zehn Minuten Meditation wirkliche Veränderungen erzielen können.

Welche Meditationsarten gibt es?

Es gibt aktive und passive Meditationstechniken, stille Meditation, Achtsamkeitsmeditation, Tanzmeditation, andere Bewegungsmeditationen, Visualisationen, Mantras, die gesprochen und gesungen werden können, und vieles, vieles mehr. Einige dieser Meditationsarten werden wir in Übungen noch gemeinsam praktizieren.

Meditation ist ein weites Feld. Ich nutze in meiner Praxis und in diesem Buch auch Techniken der Entspannung, der Affirmation und der Imagination, die mit Meditation im engeren Sinne verwandt sind. Meditationen bedienen sich generell eines oder mehrerer Sinne. Sie nutzen Bilder, Sprache, Töne, Geschmacksempfindungen und Gerüche.

Wie und wann üben?

Viele der hier vorgestellten Übungen können Sie an verschiedenen Orten und zu verschiedenen Zeitpunkten durchführen: unterwegs, beim Warten in der Schlange oder im Stau (solange Sie nicht der Fahrer sind), wenn Sie sich eine kurze Pause gönnen wollen oder wenn gerade wieder mal der Himmel auf Sie herunterzubrechen scheint. Ich habe aber auch einige Meditationen ausgewählt, für die man sich Zeit und Muße gönnen sollte.

Egal, ob Sie wie die Lerche frühmorgens oder wie die Eule spätabends oder auch irgendwo dazwischen am Nachmittag, um aufzutanken, meditieren: Es ist von großem Vorteil, sich ein Meditationsplätzchen einzurichten. Es muss ja nicht gleich ein ganzer Raum sein, aber ein ruhiger Platz (vielleicht ein bequemer Armsessel), wo Ihr Unterbewusstsein lernt, dass Sie sicher und behütet sind. Durch das regelmäßige Zurückkehren an diesen Ort erwecken Sie die Kraft der Gewohnheit.

Vielleicht wollen Sie einen speziellen Schal oder eine kuschelige Decke verwenden, dazu eine Muschel, eine schöne Pflanze, einen kleinen Zimmerbrunnen, eine Kerze oder ein anderes Symbol, was diesen bestimmten Platz zu einem Ort der Stille und des Friedens macht. Sie sollten sich vollkommen wohlfühlen – und auch sichergehen, nicht zu frösteln. Signalisieren Sie vielleicht anderen mit einem kleinen Schild an der Tür, dass Sie jetzt für eine Weile ungestört sein wollen. Und schalten Sie Telefon und Mobiltelefon ab, bevor Sie beginnen.

Vereinbaren Sie mit sich zumindest in den ersten drei Wochen (besser aber für längere Zeit) einen möglichst täglichen Termin, den Sie nur dem Meditieren widmen. Tragen Sie ihn in Ihren Kalender ein. Wann und wie lange Sie dann meditieren, ist Ihre Entscheidung. Probieren Sie aus, was am besten funktioniert.

Das gilt auch für die Worte, die bei manchen meiner Meditationsvorschläge genutzt werden: Wählen Sie Ihre eigenen Begriffe, sodass die Übungen ganz Ihren Bedürfnissen entsprechen. Sie kennen sich selbst ja doch am besten.

Ich empfehle Ihnen, ein kleines Meditations-Erlebnistagebuch zu verwenden, in das Sie all das, was Sie für wichtig halten, schreiben. Es kann Sie auf dieser Reise begleiten und hilft Ihnen außerdem, wichtige Einsichten nicht zu vergessen. Wenn wir etwas niederschreiben, verankern sich die Gedanken in unserem Bewusstsein, da wir mehrere Ebenen gleichzeitig einsetzen: Wir sehen, wir denken und wir berühren haptisch Papier und Stift. Vielleicht wollen Sie ja zudem verschiedene Farben benutzen oder Bilder und Symbole, die Ihnen etwas bedeuten, hinzufügen.

Gönnen Sie sich ein schönes Buch, das allein durch sein Dasein schon inspirierend wirkt. Datieren Sie Ihre Einträge – das kann später einmal, beim Durchlesen oder Durchblättern, durchaus interessant sein. Ihr Journal wird Ihnen zeigen, wie Sie sich durch das Meditieren verändern, und es ermutigt Sie, sich weiter zu verwandeln. Außerdem kann es Ihnen helfen, sich immer wiederholende »Kummergedanken« von der Seele zu schreiben. Sie rasten dann auf den Seiten Ihres Tagebuchs, bis Sie entscheiden, sich mit ihnen auseinanderzusetzen. Dieses Journal zu führen ist an sich schon eine meditative Übung.

Affirmationen

Eine Affirmation ist ein suggestiver, das Bewusstsein erweiternder Denkansatz, der an die Stelle von negativen Gedanken und Bewertungen tritt. Eine Affirmation werden Sie zu Beginn eines jeden Kapitels finden. Sie können die von Ihnen gewählten Worte oder Sätze laut oder leise vor sich hinsagen, oder auch nur denken, am besten aber auch einmal in ihr Übungsbüchlein aufschreiben. Ich empfehle fünf bis zehn Wiederholungen, am besten zu verschiedenen Zeitpunkten am Tag, z.B. jedes Mal, wenn Sie sich die Hände waschen.

»Ich akzeptiere in diesem Moment, dass die Reise zu mir selbst nicht immer nur friedlich verlaufen wird. Aber ich weiß, wie wichtig es ist, mich auf sie einzulassen.«

Ich wünsche Ihnen von ganzem Herzen viel Spaß und Freude auf dieser wundervollen Reise.

1

Stress abbauen und das Immunsystem stärken

Zu viel Arbeit, ständig neue Herausforderungen,
ungenügend Schlaf und kaum Entspannung?
Wenn Sie das kennen, wissen Sie, dass es allzu
leicht zu Gefühlen der Überforderung und der
Selbstzweifel führt und krank machen kann.
In diesem Kapitel finden Sie daher Übungen, um
mit diesen Übeln besser umgehen zu lernen
und Ihre Abwehrkräfte zu stärken.

Affirmation

»Ich schaffe mir jeden Tag immer wieder Atemräume. Momente, wo ich nur im Hier und Jetzt verweile und das Schöne, Liebevolle und Gute in diesem Leben in mich aufnehme und von mir selbst aus auch anderen anbiete.«

Wenn Sie wollen, können Sie in dieser Affirmation bestimmte Dinge beim Namen nennen, die Ihnen wahre Freude bereiten, zum Beispiel die Natur, die Sonne, der blaue Himmel, das Meer …

 **5 Minuten**

Der Atemraum

Stellen Sie sich eine Sanduhr vor:
Der obere breite Teil beinhaltet alles, was Sie im Moment tatsächlich erleben, fühlen, spüren, was Ihnen Sorgen bereitet. Halten Sie all diese Dinge für ungefähr eine Minute, also 5-10 Atemzüge, in Ihrem Gewahrsein fest. Schauen Sie es sich an, was immer es auch ist. Nehmen Sie diese Inhalte des jetzigen Moments mit all Ihren Sinnen an. So ist es eben jetzt.

Dann visualisieren Sie den schmalen Teil der Sanduhr, der den Punkt symbolisiert, wo Sie alles Denken, so gut es geht, loslassen und sich nur auf den Atem fokussieren. Atmen Sie zehnmal langsam ruhig ein und aus und versuchen Sie, Gedanken einfach vorüberziehen zu lassen.

Danach, wenn Sie sich hoffentlich schon ruhiger und gelassener fühlen, visualisieren Sie den unteren dritten Teil der Sanduhr. Dies ist der Stand- und Stärkepunkt. Wenn Sie ihn betrachten: Spüren Sie Ihre Füße und erden Sie sich. Lassen Sie Wurzeln tief in den Boden wachsen und visualisieren Sie dabei einen Baum: das Symbol von Stärke und Standhaftigkeit. Oder einen Berg oder einen Bären, was immer für Sie das richtige Symbol ist.

Am Ende dieser kurzen Übung ist es sehr wahrscheinlich, dass Sie sich stärker und gelassener fühlen als zuvor. Und wahrscheinlich konnten Sie zusehen, wie Ihre sorgenvollen Gedanken vom oberen Teil der Sanduhr einfach nach unten gerieselt sind, wo Sie jetzt auch liegen bleiben können.

Chakra-Meditation zum Stärken von Körper und Geist

»Chakra« ist ein Wort aus dem altindischen Sanskrit, das vor allem für heilige und lehrende Schriften verwendet wurde. »Chakra« bedeutet »Rad« oder »ein sich drehender Wirbel«. Unser Körper hat nach der yogischen Lehre sieben solche Energiezentren. Das erste ist am unteren Ende der Wirbelsäule, am Steißbein, angesiedelt, das letzte im Zentrum der Schädeldecke. Jedes Chakra hat eine eigene Farbe: Rot, Orange, Gelb, Grün, Blau, Indigo und Violett. Wenn alle in Balance sind, sind wir sowohl geistig als auch körperlich gesund.

Setzen Sie sich jetzt bequem hin und schließen Sie Ihre Augen: Fühlen Sie Ihr Steißbein, wo sich das **Wurzelchakra** befindet. Stellen Sie sich vor, dass sich dort eine Art Trichter nach außen und hinten richtet, in den während der nächsten fünf bis zehn Atemzüge eine sich »einspinnende«, eine sich drehende rote Energie eingesogen wird. Das bringt mehr und mehr Wärme und Heilung mit sich. Dieses Chakra steht für das physische Überleben, für Vitalität, Geduld, Mut und materielle Sicherheit. Es stärkt unsere Instinkte und verbindet uns stark mit der Erde. Sollten Sie zu wenig Energie in diesem Chakra haben, können sich Fuß-, Knie,- Becken- und Probleme im unteren Rücken einstellen.

Wenn Sie fühlen, dass Sie genug Wurzelenergie aufgenommen haben, schließen Sie mental diesen Trichter und
bewegen sich nach oben zum **Nabelchakra** (auch **Sakralchakra** genannt). Diesmal sehen Sie einen Trichter, der sich
am Unterbauch nach vorn öffnet. Diesmal ist die heilende
Energie, die Sie beim Atmen aufsaugen, orange. Atmen Sie
auch hier so lange, bis Sie fühlen, dass das Chakra aufgefüllt
ist. Ich empfehle mindestens 5 bis 10 Atemzüge. Es aktiviert
die sexuelle Kraft, die Kreativität, neue Ideen, Leidenschaft
und Durchhaltevermögen. Wenn das Sakralchakra »leer«
ist, stehen uns diese Qualitäten kaum noch zur Verfügung
und außerdem können die Organe im Unterbauch (Nieren,
Eierstöcke, Prostata etc.) angegriffen sein. Wieder schließen Sie mental diesen Trichter, wenn sich ein behagliches
Gefühl eingestellt hat.

Nun gehen Sie genauso mit dem dritten Chakra, dem
Solarplexuschakra, vor. Es liegt gleich unter dem Brust-
korb und gibt Ihnen ein Gefühl für die eigene Identität. Es
fördert Selbstvertrauen, innere Stärke, Humor, Spontaneität
und eine warme Ausstrahlung. Wenn dieses Chakra aus dem
Gleichgewicht ist, können Verdauungssystem, Leber oder
Galle reagieren. Wieder richten Sie den Trichter nach vorn
und nehmen beim Einatmen gelbe, sich »einspinnende«
Energie auf, bis Sie ein angenehmes Gefühl empfinden.
Dann schließen Sie den Trichter.

Nun visualisieren Sie weiter oben das **Herzchakra**, genau in der Mitte der Brust. Es ist das Zentrum Ihres Wesens und Seins. Durch das Herzchakra empfinden wir Verständnis und verbreiten Liebe und Mitgefühl. Wir können anderen und uns selbst vergeben. Wenn es nicht im Gleichgewicht ist, können das Herz und auch die Lunge Schaden davontragen.

Auch hier öffnen Sie den Trichter nach vorn und atmen grüne Energie ein, bis Sie sich in diesem Bereich wieder wohlfühlen.

Weiter geht es mit dem Halschakra. Es hilft uns, unser wahres Ich und das, wofür wir stehen, auszudrücken. Durch ein gesundes Halschakra können wir leichter mit anderen kommunizieren und Brücken zu unseren Mitmenschen bauen. Wenn es leer ist, dann können Kehle, Mund oder Schilddrüse erkranken. Hier atmen Sie durch den nach vorn gerichteten Trichter die Farbe Blau ein.

Danach arbeiten wir mit dem **Chakra des dritten Auges**, das genau in der Mitte der Stirn, zwischen den Augen sitzt. Es fördert Intuition, Selbsterkenntnis und Einsicht. Wenn es nicht im Gleichgewicht ist, können Augen, Nase, Ohren und das zentrale Nervensystem belastet werden. Wieder sehen Sie mental den Trichter und atmen die Farbe Indigo ein, bis Sie sich gut und erfüllt fühlen.

Zu guter Letzt wenden wir uns dem **Kronenchakra** zu, das über der Mitte unserer Schädeldecke ruht. Es vitalisiert viele unserer Gehirnfunktionen, fördert positives Denken und Erfindergeist sowie den Zugang zu unserer Spiritualität und Humanität. Wenn es nicht in Balance ist, kann das zu Denkfehlern und Kopfschmerzen führen. Diesmal ist der Trichter nach oben, gen Himmel gerichtet. Sie atmen violettes Licht ein, bis Sie sich wirklich ausgeglichen und beruhigt fühlen. Diesen Trichter schließen Sie nie ganz, sondern bleiben dauerhaft mit einem »silbernen Strahl« mit dem Universum in Verbindung.

Bei dieser Meditation sollten Sie sich Zeit lassen. Ich lege sie Ihnen wärmstens ans Herz. Sie gleicht Ihr ganzes Sein aus und vermittelt Ihnen tiefen Frieden.

2

Mut und Selbstvertrauen gewinnen

Sind wir nicht ständig gezwungen zu beweisen, wie viel wir können und wie unabhängig wir sind? Eigentlich wäre alles viel leichter, wenn wir verstünden, dass wir ein Teil des Ganzen sind und der Welt deshalb auch nur unsere persönlichen Talente anbieten können.

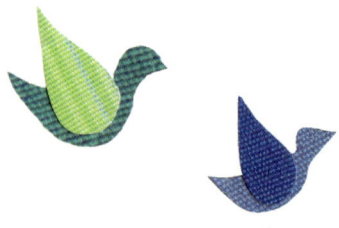

»Heute werde ich mir behutsam
meine ›Wunden und Narben‹
anschauen. Sie werden mir
zeigen, dass auch ein steiniger
Weg viel Abenteuer und Erlebnisse
bereithält. So nehme ich das wahr,
was lehrreich und wundervoll
war, ist und auch künftig
sein wird.«

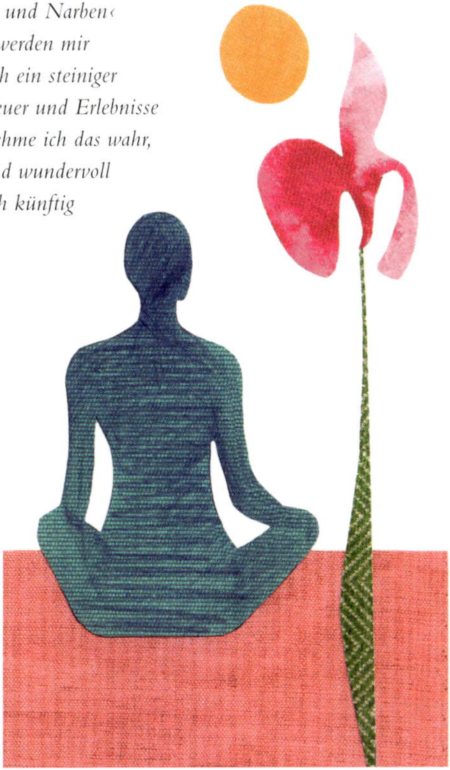

5 Minuten

Selbstmitgefühlspause

Sie denken gerade an ein
schwieriges Ereignis in Ihrem
Leben, das Sie bewegt oder
aufregt? Versuchen Sie, es
nicht zu verdrängen, sondern
es anzunehmen. Es ist, was es
eben ist, vielleicht ein Streit mit
einem wichtigen Menschen, ein
Verlust, Schmerzen, was auch
immer.

Verwenden Sie eine beru-
higende Berührung: eine
Selbstumarmung, bei der Sie
entweder die eine Hand auf
das Herz und die andere auf
den Solarplexus legen oder mit
beiden Händen Ihre Wangen
berühren und das Gesicht halten.
Wenden Sie sich ganz sich
selbst zu, so gut es geht.

Werden Sie sich bewusst, dass Sie im Moment gerade leiden oder Angst haben. Sagen Sie mit Ihrer inneren Stimme zu sich selbst: *»Das tut weh«*, *»Autsch«* oder etwas Ähnliches, was für Sie zum Ausdruck bringt, dass es Ihnen momentan nicht gut geht und dass Ihre Selbstberührung Sie ermutigen und stärken soll.

Im nächsten Schritt erinnern Sie sich, dass jeder Mensch immer wieder einmal leidet, Angst hat, sich unzulänglich fühlt oder Schmerzen empfindet. So sagen Sie zu sich selbst: *»Ich bin nicht allein«*, *»Nicht nur ich habe Probleme, sie sind vielmehr ein Aspekt des menschlichen Daseins.«*

Zum Schluss flüstern Sie sich selbst liebevolle, aufrichtende Sätze oder Worte zu: *»Möge ich mich sicher und geborgen fühlen«*, *»Möge ich mich mutig und stark fühlen«*, *»Ich wünsche mir Frieden und Leichtigkeit.«* Oder nur: *»innerer Frieden«*, *»Geborgenheit«*, *»Entspannung«*, *»Zufriedenheit«*.

Bestimmt werden Sie schon nach wenigen Minuten mehr Frieden empfinden.

 **5–10** Minuten

Bewegungsmeditation: Nacken und Schultern entkrampfen

Wenn wir mit uns selbst unzufrieden sind und uns selbst als ungenügend betrachten, entstehen in unserem Körper Chemikalien, die auch ausgeschüttet werden, wenn wir Furcht oder Wut wegen eines externen Auslösers empfinden – wenn also zum Beispiel ein aggressiver Hund auf uns zurast. Der Körper scheint nicht unterscheiden zu können, ob wir uns durch Selbstkritik, Schamgefühle oder Ähnliches selbst negativ belasten oder ob wir von außen bedrängt werden.

Wenn diese Chemikalien (insbesondere Adrenalin und Kortisol) häufiger frei durch unseren Körper schwimmen, werden wir immer mehr düstere Gedanken in uns haben und unser Körper wird zunehmend schwerfälliger und verspannter. Immer, wenn uns diese Selbstabwertung geschieht, sollten wir uns so schnell wie möglich mit Liebe und Mitgefühl beruhigen. Hier kann eine einfache Körpermeditation wahre Wunder wirken.

Achten Sie darauf, bei der ganzen Übung den normalen Atemfluss beizubehalten, also nicht den Atem anzuhalten.

Teil 1: Nacken und Schultern lockern

Beginnen Sie aufrecht stehend, die Füße hüftbreit auseinander und parallel. Nun heben Sie beim Einatmen ganz langsam beide Arme nach vorn bis auf Brusthöhe oder noch weiter ausgestreckt über den Kopf nach oben, sodass die Fingerspitzen in Richtung Himmel zeigen.

Beim Ausatmen bringen Sie die Arme wieder in die Ausgangsposition, sie hängen einfach an Ihren Körperseiten herab.

Wiederholen Sie diesen Ablauf mindestens dreimal, besser aber öfter. Wenn Sie Ihre Arme nicht bis ganz nach oben bringen, ist das vollkommen in Ordnung, strecken Sie sie so weit, wie Sie selbst es als angenehm empfinden.

Lassen Sie die Arme an beiden Körperseiten hängen und beginnen Sie mit einer sanften Nackenübung. Das Kinn sollte dabei parallel zum Boden sein, die Gesichtsmuskeln so entspannt wie möglich. Atmen Sie nun langsam ein und drehen Sie Kinn und Nacken parallel zum Boden in Richtung rechter Schulter – nur soweit es geht, ohne unangenehm zu werden. Beim Einatmen wieder zur Mitte und beim nächsten Ausatmen nach links.

Machen Sie diese Nackenübungen drei- bis fünfmal in jede Richtung. Sie werden vielleicht beobachten, dass Sie bei jeder Drehung ein etwas entspannteres Gefühl im Nacken haben und auch ein wenig weiter »ausholen« können. Das kann, aber muss nicht so sein. Hören Sie auf Ihre innere Weisheit.

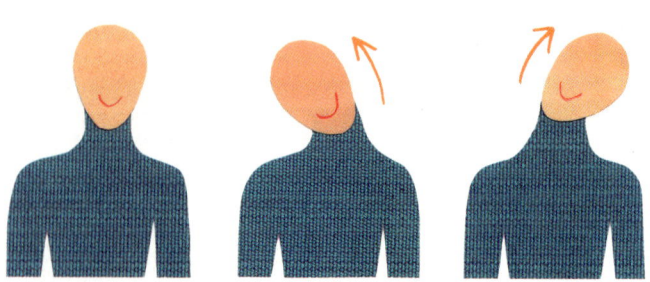

Teil 2: Qi-Gong-Massage

Wenn möglich, starten Sie mit der rechten
Hand und massieren sich den linken Arm
von der Schulter abwärts bis zur linken
Hand: Sie können massieren und leicht
mit der lockeren Faust oder der Hand-
fläche an der Außen- und Innenseite
des linken Arms entlangklatschen.
Wiederholen Sie diese Massage,
jeweils auf- und abwärts,
mindestens dreimal.
Danach mit der linken
Hand am rechten Arm.

Nun klatschen Sie sich den
Oberkörper frei: Sie beginnen
mit der Schlüsselbeinregion,
dann folgen Brustkorb, Bauch
und Hüften und vielleicht,
wenn Sie es leicht erreichen,
auch die Seiten des Körpers,
am besten bis zum unteren
Rücken.

Jetzt setzen Sie die Klopf- und Klatschmassage am linken
Bein fort, um es vorn und hinten zu entspannen. Gehen
Sie dabei so weit wie möglich nach unten. Sie können sich
dazu auch hinsetzen. Im Anschluss daran bearbeiten Sie
das rechte Bein.

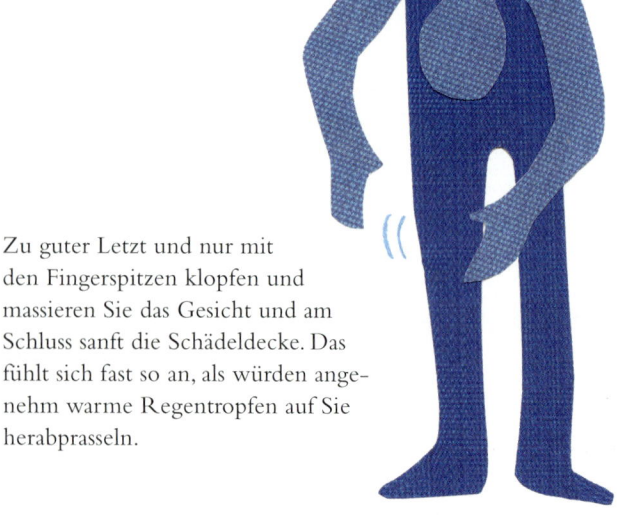

Zu guter Letzt und nur mit
den Fingerspitzen klopfen und
massieren Sie das Gesicht und am
Schluss sanft die Schädeldecke. Das
fühlt sich fast so an, als würden angenehm warme Regentropfen auf Sie
herabprasseln.

Es steht Ihnen
natürlich frei,
nur die Areale zu
massieren, die Sie
ohne Mühe errei-
chen können und bei
denen Sie ein besonders
angenehmes, erleichtern-
des Gefühl empfinden.

Imagination:
Ich werde es schaffen

Sie wissen, dass Sie diesen nächsten Vortrag oder dieses Vorstellungsgespräch, dieses Treffen oder eine Prüfung
nicht vermasseln wollen? Diese Imaginationsübung wird
Ihnen helfen, Ihr Bestes zu geben und dabei innerlich
ruhig zu sein. Sie kann für jede Situation, wo Sie eine gute
Figur machen wollen, verwendet werden. Sie müssen sie
allerdings siebenmal hintereinander üben und rechtzeitig
vor dem Termin anfangen.

Diese Imaginationsübung wird auch häufig von Leistungs-
sportlern verwendet. Sie sehen dann zum Beispiel, wie sie
bei einem 100-Meter-Rennen lossprinten und genau zum
ersehnten Zeitpunkt ins Ziel laufen. Sie sehen die Wunsch-
zeit auf einer großen Uhr!

Hier in der Anleitung nehme ich das Beispiel eines Vor-
trags, auf den Sie sich vorbereiten. Ersetzen Sie diese
Angaben durch die Details und Fakten, um die es in Ihrer
individuellen Situation gehen wird.

Setzen Sie sich aufrecht hin und schließen Sie die Augen.
Fühlen Sie, wie Ihr Körper mit der Fläche, auf der Sie sitzen, verbunden ist. Spüren Sie auch, wie sich Ihre Füße fest
mit dem Boden verbinden.

Drehen Sie nun Ihre Augen, ohne sie zu öffnen, nach oben und innen, fast als würden Sie versuchen, Ihr eigenes Gehirn anzuschauen. Selbst wenn sich das etwas anstrengend anfühlt: Halten Sie diese Stellung für drei Atemzüge und lassen Sie dann die weiterhin geschlossenen Augen wieder nach unten gleiten.

Beim nächsten Ausatmen spüren Sie, dass Sie sich mehr und mehr entspannt fühlen. Tasten Sie imaginär vom Scheitelpunkt aus die Stirn, die Wangen und das ganze Gesicht ab und lassen Sie es beim nächsten Ausatmen mehr und mehr entspannen. Ihr ganzer Kopf und das Gesicht fühlen sich jetzt leichter an und bei jedem Ausatmen entspannen Sie sich als Ganzes tiefer und tiefer.

Nun wenden Sie sich dem Nacken und der Wirbelsäule zu. Beginnen Sie, diese Körperareale langsam mental abzutasten und zu entkrampfen: Alle 24 Wirbel vom Nacken bis zum Steißbein entspannen, lassen los und dringen bei jedem Ausatmen noch tiefer in die Entspannungszone vor.

Jetzt wandern Sie mental zur Vorderseite des Oberkörpers: Schultern locker lassen und entspannen, Brustkorb und Schlüsselbein entspannen, Bauchdecke, Hüften und dann das Gesäß. Alle Muskeln locker lassen und entspannen. Erinnern Sie sich, dass Sie bei jedem Ausatmen noch tiefer gehen, noch mehr loslassen können.

Jetzt von den Schultern hinab die Arme
und Hände spüren und entspannen.
Zuletzt die Oberschenkel, Unter-
schenkel, Füße und Zehen ganz
locker lassen. Behalten Sie
gleichzeitig Ihre Erdung bei,
die Sie stützt.

Lassen Sie weiterhin die Augen
geschlossen und stellen Sie sich
vor, dass Sie in einem Kinosaal
mit einer riesigen blauen Leinwand
sitzen. Auf dieser Leinwand sehen
Sie nun einen Film: Sie sehen
sich selbst, mit allen Kleidern
bekleidet, die Sie für Ihren
großen Tag ausgesucht
haben. Sie sehen auch,
wie Sie Ihr Haar
gekämmt haben.

Und jetzt öffnen
Sie die Tür zum
Vortragsraum. Dort
sehen Sie entweder
einen Tisch, um den
herum Ihre Zuhö-
rer sitzen, oder ein
Podium, auf das Sie

sich jetzt sicher zubewegen. Sie haben ein paar Stichworte auf einige Notizblätter geschrieben, vielleicht auch eine Powerpoint-Präsentation vorbereitet. Alle Kabel sind schon angeschlossen. Sie müssen nur noch beginnen.

Hören Sie jetzt den Anfang … und dann das Ende Ihrer Rede. Vielleicht auch einige Fragen, die Ihnen von bekannten oder fremden Menschen gestellt werden. Sie fühlen sich in der Lage, ruhig und klar zu antworten. Es kann aber auch sein, dass Sie ein oder mehrere Male sagen müssen: »Darüber muss ich noch nachdenken« oder »Ich werde in den nächsten Tagen auf Sie zukommen. Momentan weiß ich es nicht.« Das macht Sie nur menschlicher. Niemand kann alle Fragen immer und überall zu 100 Prozent beantworten. Und selbst wenn ein kleines Malheur passieren sollte, ist das in Ordnung. Nehmen Sie es mit Humor und lächeln Sie sanft.

Beenden Sie diese Übung, indem Sie sich selbst beim Verlassen des Raumes beobachten.

Dieser innere Film ist Ihre perfekte Vorbereitung. Je öfter Sie ihn sehen, desto mehr erinnert sich Ihr Gehirn daran, dass alles gut geht.

 **5 Minuten**

Kerzenmeditation

Diese einfache, aber sehr effektive Meditation ist besonders gut dazu geeignet, uns innere Stille zu vermitteln und uns zu helfen, frei von Furcht zu sein.

Setzen Sie sich vor einen Tisch und zünden Sie eine Kerze an. Atmen Sie ganz bewusst ein wenig tiefer als normalerweise ein und aus.

Sehen Sie fokussiert auf die Flamme der Kerze und stellen Sie sich vor, dass ihr Licht zu Ihnen hinfließt und ein Teil Ihres Ganzen wird. Ihr Inneres beginnt, die Wärme zu spüren, und Sie fangen an, sich mehr und mehr, von oben bis unten zu entspannen.

Nun schließen Sie sanft Ihre Augen und visualisieren weiterhin das bewegte Licht der Kerzenflamme. Lassen Sie das Licht und die wohlige Wärme tiefer und tiefer in sich eindringen, bis Sie schließlich wirklich das Gefühl haben, ganz mit dem Licht vereint zu sein. Das heilende, beruhigende Licht scheint in Ihr Inneres hinein und von innen aus Ihnen heraus.

Wenn Sie das Gefühl haben, dass sich alles in Ihnen beruhigt hat, dass sowohl schwierige Gedanken als auch unangenehme Gefühle nur mehr im Hintergrund Ihres Gewahrseins vorhanden sind, dann beginnen Sie, sich wieder mehr auf Ihren Atem zu fokussieren und auch Ihre Beine fest verankert mit dem Boden wahrzunehmen. So bleiben Sie, verbunden mit Ihrem Atem, noch eine Zeit lang sitzen und öffnen schließlich die Augen.

Strecken Sie sich ein wenig, massieren Sie Ihr Gesicht und blasen Sie zum Ab-schluss die Kerze aus.

3

Den Kopf
frei bekommen

Solange die Gedanken in uns rasen,
können wir nicht zur Ruhe kommen.
Genau dabei aber hilft die Meditation –
und speziell die folgenden Übungen.

»Ich verspreche mir selbst, regelmäßig zu meditieren, egal wie meine Stimmungslage im Augenblick ist. Gerade dieses Versprechen wird mir helfen, die dunklen Gedanken und Gefühle weiterziehen zu lassen. Für unangenehme Gedanken habe ich eine imaginäre Kiste, in die ich sie hineinlegen kann, nachdem ich sie mir näher angeschaut habe. Ich finde innere Ressourcen, um diese Kiste und ihren Inhalt immer kleiner werden zu lassen.«

 **10** Minuten

Gedanken sind nicht unbedingt wahr

Ich lade Sie ein, Ihren Meditationsplatz aufzusuchen und sich bequem hinzusetzen. Verwenden Sie einen Schal oder eine Decke, falls es heute kühl ist, oder aber als Hilfsmittel, das Sie erneut daran erinnert, warum Sie jetzt hier sind.

Fokussieren Sie sich auf die Punkte Ihres Körpers, die mit dem Sessel oder Boden in Verbindung sind: Ihr Rücken, Ihr Gesäß, aber auch die Hände, die Sie entweder ineinander verschränkt in Ihrem Schoß halten oder einzeln auf Ihre Oberschenkel gelegt haben.

Versuchen Sie, Ihre Gesichtsmuskeln und Schultern ganz locker zu lassen. Schließen Sie Ihre Augen, wenn das angenehm für Sie ist, oder lassen Sie sie halb geöffnet, ohne sich auf etwas zu fokussieren.

Nehmen Sie ganz bewusst Ihren Atem wahr. Sie werden erkennen, dass jeder Atemzug eine Einheit für sich ist, länger oder auch kürzer, tiefer oder flacher. Nach jedem Ein- und Ausatemzug, so werden Sie mit der Zeit feststellen, entsteht eine kurze Pause, bevor »die nächste Runde« beginnt. Bleiben Sie bei Ihrem Atem, bis sich eine gewisse Ruhe in Ihnen eingestellt hat.

Nun wird es Zeit, auch den Körper aufmerksam zu beobachten. Haben Sie irgendwo starke Empfindungen? Wenn Ihnen unangenehme Verspannungen oder Schmerzen auffallen, können Sie versuchen, in diese Bereiche hineinzuatmen und beim Ausatmen jegliche Spannung loszulassen, so gut es eben geht.

Schauen Sie sich jetzt ganz bewusst Ihre Gedanken an, vor allem jene, die unangenehme Gefühle und Körperwahrnehmungen auslösen. Vergessen Sie nie, dass es Ihre Intention ist, die Gedankenmuster zu erkennen, die Sie bedrängen und unter Umständen in ein schwarzes Loch ziehen. Erkennen Sie so ein Muster, können Sie es nach der Meditation in Ihr Tagebuch notieren. Was Sie jetzt nicht anstreben, ist, die Gedanken auf irgendeine magische Weise zu verändern. Ihr Zugang ist der eines wachen

Interesses, aber mit genügend Abstand, um nicht in den möglicherweise reißenden Strom hineingezogen zu werden.

Dafür nutzen Meditierende ein Hilfsmittel, um die Gedanken zwar zu sehen, ihnen aber nicht das Ruder zu überlassen: Sie geben ihnen einen Namen, um die nötige Distanz behalten zu können. Natürlich können Gedanken negativ, neutral oder positiv sein. Aber egal, welcher Sparte sie angehören, Sie sehen sie sich in dieser Meditation nur kurz an und benennen sie.

Folgende Bilder haben sich dabei als hilfreich erwiesen:

 Sie sehen die Gedanken wie Wolken am Himmel. Sie können auf diesen Wolken luftig geschrieben die Begriffe für Ihre Gedankenmuster lesen: »Grübelgedanken«, »selbstkritische Gedanken«, »Weltuntergangsgedanken«, »Tagträume«, »Einkaufslisten« und so weiter.

 Sie stehen auf einer Brücke und schauen auf einen kleinen Fluss hinunter, auf dem bunte Blätter schwimmen. Auf einigen dieser Blätter sehen Sie Ihre Gedanken geschrieben. Sie können sie lesen und registrieren, aber schon bald ist das Blatt unter der Brücke verschwunden.

❋ Sie stehen auf einem Bahnsteig. Ein Zug rast vorbei.
Sie sehen die Wagons und auf jedem steht einer Ihrer
Gedanken geschrieben. Sie erkennen, um was es geht,
aber lassen Ihre Gedanken einfach vorüberziehen.

Durch das wiederholte Praktizieren dieser Meditation
werden Sie lernen, dass Gedanken nicht unbedingt immer
wahr oder wichtig sind und dass Sie selbst wählen können,
welchen Gedanken Sie später, nach der Meditation, Ihre
ungeteilte Aufmerksamkeit schenken wollen.

5–10 Minuten

Berg-Visualisation

Setzen Sie sich mit einem oder zwei Kissen und einer Decke auf den Boden. Entweder mit überkreuzten Beinen oder gegen die Wand gelehnt und die Beine angezogen. Auch aufrecht auf einem Stuhl können Sie sitzen.

Nun visualisieren Sie den schönsten, am meisten Eindruck erweckenden Berg, den Sie kennen. Oder aber Sie imaginieren einen, so gut es geht. Der Berg hat einen Gipfel (steil oder abgerundet), Berghänge und einen Fuß.

Versuchen Sie jetzt, dieses Bild auf sich selbst zu projizieren: Ihr Kopf wird zum Gipfel, Ihre Schultern und Arme zu den Hängen und Ihr Gesäß und Ihre Beine zum Fuß dieses majestätischen Gebildes.

Sehen Sie sich den Berg nun an einem lauen Frühlingstag an: Die Vögel fliegen in den Lüften, kleine Insekten schwirren herum, die Bäume und Sträucher in der Umgebung und an den Hängen haben begonnen, ihre Blätter sprießen zu lassen. Alles blüht. Es duftet nach Flieder. Ein leichter Wind weht.

Der Berg steht majestätisch in diesem wundervollen Getümmel. Er regt und bewegt sich nicht, gerade so, als würde er über alles wachen.

Nun wechseln Sie mithilfe der Imagination zu einem glühend heißen Sommertag. Der Himmel ist blau und die Sonne steht am Zenit.

Die Luft ist drückend und schwer. Sie sehen Schmetterlinge in der Luft, Bienen, die Nektar suchen, und kleine Nagetiere, die sich am Berghang tummeln. Alle Farben des Regenbogens sind in Form von Blüten und Blättern um Sie herum versammelt. Die vielen Schattierungen von Grün stechen vor allem heraus. Laub- und Nadelbäume, Gräser und Farne.

Auch jetzt wirkt der Berg unbeirrbar und majestätisch. Wieder regt er sich nicht, der Wächter über die Natur, der schon seit Abertausenden von Jahren hier steht.

Lassen Sie dieses Bild nun in den Hintergrund treten und stellen Sie sich jetzt einen windigen, regnerischen Herbsttag vor. Der Himmel ist von grauen Wolken verhangen, es pfeift und rauscht über die Hänge des Berges. Alle Lebewesen scheinen sich versteckt zu haben. Buntes Herbstlaub: grün, gelb, rot, braun, orange wirbelt durch die Luft. Die Äste der Bäume und der höheren Büsche tanzen den wilden Herbsttanz und schließlich prasselt der Regen herunter auf Stock und Stein.

Selbst in diesen wilden Zeiten steht der Berg aufrecht, stark und tief im Gestein von Mutter Erde verwurzelt.

Als letztes Bild stellen Sie sich den starken Berg in einer Winternacht vor. Zwischen den Wolken glimmt der Vollmond hervor und leise rieselt der Schnee. Jede Flocke ein einzigartiges vollendetes Wunder der Natur. Die kahlen Bäume und Sträucher werden schön langsam mit diesem weißen Pulver bezuckert und manche Äste biegen sich mehr und mehr unter der kühlen Last. Man kann die Kälte spüren und riechen.

Der Berg steht prachtvoll in dieser eisigen Nacht. Alles in ihm ist still und fest. Er kennt diese Phänomene der Jahreszeiten schon sehr lange und wird mit ihnen noch – es scheint fast: ewiglich – über uns walten.

Auch Sie haben schon die unterschiedlichsten Emotions-gezeiten durchgestanden – erlebt oder gar überlebt. Wenn Sie tief in sich spüren können, dass alles kommt und geht, dann wird alles erträglicher und Sie werden sich Ihrer inneren Kraft bewusst.

4

Akzeptieren, loslassen, verändern

Nichts, wogegen wir ankämpfen,
können wir verändern. Die Meditation hilft uns,
die Dinge anzunehmen, so wie sie sind.
Dann wandelt sich alles von selbst.

 **Affirmation**

»Ich erneuere täglich mein Engagement, um zu lernen, selbstkritische Gedanken ziehen zu lassen. Ich bemühe mich, negative Gedanken und Wünsche zu unterlassen, und lebe von Tag zu Tag mehr Liebe und Geduld. Ich richte meine Augen auf den Zeitpunkt, wo ich vieles, was mich heute noch bedrückt, hinter mir gelassen haben werde.«

15 Minuten

Meditation, um sich selbst zu verzeihen

Indem Sie versuchen, sich zu verzeihen, behandeln Sie sich selbst bereits liebevoll. So können Sie Stück um Stück, ganz langsam Ihren Schmerz, Ihren Ärger, Ihr Scham- und Schuldgefühl loslassen. Um sich selbst wieder wirklich zu mögen, sollten Sie diesen wichtigen Schritt zur Heilung und Neuentfaltung Ihres eigenen Selbst unbedingt tun.

Begeben Sie sich zu Ihrem Meditationsplatz und setzen oder legen Sie sich bequem hin.

Nehmen Sie einige tiefe Atemzüge, so langsam, wie es Ihnen angenehm erscheint. Mit jedem Einatmen stellen Sie sich vor, Wärme und heilendes Licht aufzunehmen. Mit jedem Ausatmen lassen Sie langsam vom Scheitel bis zur Sohle jede Anspannung in den verschiedenen Muskelpartien los.

Schließen Sie die Augen und stellen Sie sich vor, dass Sie an einem wundervollen Heilungsort sind. Schauen Sie sich um und gehen Sie dann Schritt für Schritt auf eine warme Quelle zu, von deren Wasser Sie wissen, dass es wohltuend und heilkräftig ist.

In diesem heilenden Gewässer sehen Sie bereits einige Menschen sitzen, die Sie schätzen und lieben. Sie hören, sehen oder spüren ganz einfach, wie Sie von diesen Menschen eingeladen werden, näher zu kommen.

Sie gehen zu ihnen, setzen sich in das angenehm warme, belebende Wasser und genießen die Nähe dieser wundervollen Menschen. Einige kennen Sie aus der Gegenwart, andere aus der Vergangenheit, vielleicht nur ganz vage. Aber mit allen verbindet Sie Wertschätzung, Liebe und Vertrauen.

Legen Sie Ihren Kopf auf die Schulter eines dieser Menschen oder lehnen Sie sich einfach an jemanden an. Diese andere Person schaukelt Sie ganz liebevoll, so als wären Sie ein kleines schutzbedürftiges Kind und Sie genießen es.

All diese lieben Wesen in der Quelle empfehlen Ihnen, jeden Tag mit Liebe zu beginnen und zu beenden. Diese Liebe, die Sie von ihnen spüren, ist möglich, weil Ihnen alles vollkommen vergeben worden ist und Sie sich für nichts mehr schämen müssen.

All diese Wesen lieben Sie so, wie Sie sind. Natürlich können wir alle noch ein wenig dazulernen und gewisse Muster loslassen, die uns oder anderen schaden. Dennoch sind Sie schon jetzt absolut liebenswert, weil Sie ein Teil dieses wunderbaren Universums sind.

Und hier in diesem warmen Quellbecken wissen Sie das auch und genießen den inneren Frieden. Wenn es Zeit für Sie ist und Sie sich wirklich von Liebe und innerem Frieden durchdrungen fühlen, verabschieden Sie sich und kommen wieder ganz geerdet in Ihren Körper und an Ihren Meditationsplatz in Ihrem Zimmer zurück. Sie nehmen diesen Frieden jetzt in den Alltag mit und gewiss kann es sein, dass Ihnen alles, was es noch zu tun gibt, leichter von der Hand geht.

Ach ja, das Gute gibt es ja auch

Rick Hanson, ein Neuropsychologe, sagt in jedem seiner Vorträge: Negative Gedanken sind wie ein Klettverschluss, sie kleben in unserem Gehirn fest. Gute Gedanken und Erinnerungen sind hingegen eher wie Teflon, sie schwimmen einem förmlich aus dem Gedächtnis davon.

In dieser Meditation wenden wir uns ganz bewusst dem Guten in unserem Leben zu, damit es einen größeren Raum in unserem Bewusstsein einnehmen kann. Ich werde Ihnen einige Denkanstöße geben, aber natürlich sollten Sie diese um Ihre eigenen Erfahrungen ergänzen oder sie sogar ersetzen.

Wie immer begeben wir uns in eine angenehme Stellung, vielleicht legen wir uns diesmal sogar auf unser Fernsehsofa und lassen in unserem Inneren einen wundervollen Film ablaufen.

Er beginnt damit, dass Sie sich an gute oder Sie bereichernde Dinge erinnern, die Ihnen heute widerfahren sind: der Regenbogen über die Brücke, die Sie täglich auf dem Weg zur Arbeit überqueren … die alte Dame, die Ihnen freundlich zugewinkt hat, weil Sie für sie angehalten haben, obwohl sie die Straße vor dem Zebrastreifen überquerte … das freundliche Hallo von der Empfangsdame beim Eingang ins Bürohaus … das leckere Eis auf dem Nachhauseweg … Da waren auch noch die sanften Sonnenstrahlen, die Ihr Gesicht berührten, als Sie beim Heimweg in den Himmel blickten … und vieles mehr.

Sie erinnern sich also zunächst nur an diesen einen Tag und an alles, was an diesem Tag gut und schön und berührend war.

Fühlen Sie tief in Ihr Herz und Ihre Seele hinein und spüren Sie dieses wohlige, angenehme Gefühl, das sich ausbreitet, wenn Sie glücklich und dankbar sind. Wie fühlt es sich an? Wo spüren Sie es am deutlichsten in Ihrem Körper?

Nun nehmen Sie sich noch etwas mehr Zeit und denken, so gut Sie können, an die letzten Tage zurück. Ist es Ihnen möglich, sich wenigstens an zwei oder drei positive Erlebnisse pro Tag in der letzten Woche zu erinnern?

Vielleicht bemerken Sie, dass Ihr Atem bereits ruhiger und tiefer geworden ist und Sie förmlich in Ihr Sofa oder Ihren Ohrensessel hineingesunken sind. Genießen Sie es!

Haben Sie noch ein paar Momente Zeit (vielleicht wollen Sie ja gar nicht mehr aufhören), dann lassen Sie den letzten Monat oder gar das letzte Jahr in Momentaufnahmen Revue passieren. Aber nur bei den guten, schönen, erbaulichen Erinnerungen aufhorchen und hinsehen. Versuchen Sie, sich so präzise wie möglich an das Schöne und Wundervolle zu erinnern.

Vielleicht kann es auch sein, dass Sie im Inneren Worte wie »Danke« oder »O mein Gott, war das toll« wahrnehmen. Baden Sie förmlich in Ihren guten Gefühlen!

Gerade nach dieser Übung empfehle ich Ihnen, einige Notizen in Ihr Tagebuch zu schreiben oder zu zeichnen.

 **10–15** Minuten

Unterm Wasserfall

Nehmen Sie sich etwas Zeit und stellen, setzen oder legen Sie sich hin. Vielleicht haben Sie sich ja einen Gong oder eine Klangschale oder Cymbal besorgt und lassen sie jetzt erklingen.

Stellen Sie sich vor, wie Sie schön langsam durch einen Wald oder über eine Wiese gehen und schließlich an einem Wasserfall ankommen.

Es ist ein magischer Wasserfall. Sie stellen sich darunter und fühlen das angenehme Wasser auf sie herabplätschern. Dieses Wasser hat eine reinigende und stärkende Wirkung. Sie empfinden tiefe Dankbarkeit dafür, dass dieses Wasser Ihnen so viel Freude bereitet und gleichzeitig jede Traurigkeit, Angst, Unlust und andere negative Gefühle wegspült.

Nun strecken Sie Ihre Hände aus, sammeln einiges Wasser darin und trinken es. Das fühlt sich stärkend und heilend an.

Dann lassen Sie das Wasser immer weiter in Ihre Hände fließen, es sammelt sich und quillt zugleich über, wird stetig ausgetauscht. Alle Tropfen kommen und gehen. Obwohl in Ihren Händen immer etwas Wasser verbleibt, wissen Sie, dass es nicht dasselbe ist wie das, das sie noch vor ein paar

Sekunden berührt hat. Eine ständige Erneuerung findet statt.

Wir können – und das ist die Lehre, die Sie hier unter Ihrem Wasserfall verstehen lernen – nichts im Leben festhalten. Alles ist dem Kommen und Gehen ausgesetzt. Können Sie beginnen zu akzeptieren, dass Sie gerade, wenn Sie loslassen, im Fluss bleiben, und dass sich Ihre Lebenserfahrung dann ständig weiterentwickelt?

»Nicht-Anhaften«, heißt es im Buddhismus. Wenn wir das wirklich verstehen, wird alles viel leichter. Wir sind dann von Moment zu Moment offen für neue Eindrücke und Erlebnisse.

Beenden Sie diese Kontemplation, wenn Sie möchten, wieder mit einem Gong oder dem Klang eines Cymbals. Sie werden sich leichter fühlen und mehr Tatendrang verspüren – und auch nicht mehr nass sein, weil Ihr Wasserfall ja magischer Natur war.

5

Harmonie mit der Welt und all ihren Wesen

Wer meditiert, betreibt nicht etwa Nabelschau, bei der er den Rest der Welt vergisst. Wer wirklich meditiert, sorgt auch dafür, dass sich Frieden, Güte und Stille in der Welt verbreiten.

»Mögen ich und alle Wesen sicher und behütet sein, mögen wir in Frieden leben und einander achten und unterstützen, wann immer wir dazu in der Lage sind.«

 **15–20 Minuten**

Für mich und dich atmen

Setzen Sie sich ganz bequem an Ihren Meditationsplatz. Entspannen Sie den Nacken, das Gesicht und schließen Sie sanft die Augen. Beginnen Sie nun, ruhig und regelmäßig ein- und auszuatmen. Sie werden mehr und mehr spüren, wie der tiefe Atem den ganzen Körper mit Sauerstoff und Energie versorgt. Der Atem berührt Sie sanft von innen und nährt Sie. Und beim Ausatmen können Sie jegliche Spannung loslassen, so gut es gerade geht.

Nun lassen Sie den Atem los. Lassen Sie ihn ganz natürlich fließen, sodass jeder Atemzug eine eigene Einheit bildet. Ein Ein- und ein Ausatmen, ohne etwas zu vertiefen oder zu verlängern. Vertrauen Sie einfach Ihrem Körper, der ja auch in der Nacht, wenn Sie schlafen, ganz selbstständig atmet. Spüren Sie die Ruhe, die in Ihnen wächst, und die wohlige Wärme.

Wenn Sie sich noch mehr diesem Gefühl der Wärme und Ruhe hingeben wollen, dann legen Sie eine oder beide Hände auf Ihren Brustkorb

wie eine liebevolle Geste, die Sie sich selbst in tiefem Mitgefühl schenken. Es könnte auch hilfreich sein, sich darauf zu besinnen, dass dieses liebevolle Ein- und Ausatmen jede Zelle Ihres Körpers nährt und am Leben erhält.

Manche Menschen stellen sich beim Einatmen ein silbernes oder goldenes Licht vor, das Frieden und Erleichterung mit sich bringt. Andere hören im Inneren Worte wie »Frieden«, »Liebe«, »Sanftmut«, »Güte« und Ähnliches erklingen. Was immer Ihnen gerade jetzt hilft, sich mehr und mehr zu entspannen und für den Zeitraum dieser Meditation alles Schwierige loszulassen – Nutzen Sie es.

Nun lade ich Sie ein, sich eines Menschen zu besinnen, der Ihnen wichtig ist und dem Sie ebenso wie sich selbst Liebe, Güte und inneren Frieden zukommen lassen wollen. Wem wollen Sie etwas von diesen Geschenken des Universums zusenden? Stellen Sie sich diesen Menschen jetzt vor oder sehen Sie nur seinen Namen aufgeschrieben vor Ihrem inneren Auge.

Wenden Sie sich nun vor allem dem Ausatmen zu. Fühlen Sie, wie sich die mit Luft gefüllte Lunge und der Brustkorb langsam entleeren, und versuchen Sie, sich vorzustellen, dass Sie diesen mit Liebe und Güte vermengten Atem an diese Person senden. Vielleicht visualisieren Sie auch, dass dieser Atem wie eine silberne oder goldene Energie von diesem lieben Menschen aufgenommen wird.

Jetzt werden Sie mehr und mehr eins mit diesem Atemrhythmus und wissen, dass Liebe und Güte zwischen Ihnen und Ihrem geliebten Menschen hin- und herschwingen. Ein Geben und Nehmen entsteht – ein wunderbarer Austausch von aufbauender Atemenergie.

Wie die Wogen der Weltmeere kommen und gehen, so schwingt dieser liebende Atem in Sie hinein und wieder aus Ihnen heraus.

 **10–15** Minuten

Besuch eines weisen Freundes

Ich möchte Ihnen von Astrid erzählen. Sie war eine sehr enge Freundin, mit der ich über alles reden konnte. Sie hat mich schon im Alter von 19 Jahren über die Meditation aufgeklärt und mir von Findhorn, einem wundervollen Retreatzentrum in Schottland, erzählt. Mir was das alles neu, weil meine Familie mit solchen Dingen gar nichts anfangen konnte. Astrid war viel älter als ich, so alt wie meine leibliche Mutter. Aber sie war und ist meine tiefste Vertraute, wenn es um mein Seelenheil geht.

Sie erscheint mir regelmäßig in dieser Meditation. Vielleicht haben Sie ja auch so jemanden in Ihrem Leben, egal ob er noch lebt oder nicht. Es könnte aber auch Gandalf, der freundliche Zauberer aus *Herr der Ringe*, sein oder der Dalai Lama oder eine andere Person, die Sie inspiriert. Vielleicht ist es aber auch eine »Lichtfigur« (manche nennen das Engel oder Spiritguide), die Sie auf Ihre Weise wahrnehmen. In dieser Meditation können Sie ihr neu begegnen.

Begeben Sich an Ihrem Meditationsplatz oder in die Natur (oder stellen Sie sich einen friedlichen Platz vor, wenn Sie gerade irgendwo unterwegs sind). Setzen oder legen Sie sich gemütlich hin und atmen Sie ein paarmal tief ein und

aus, um sich zu entspannen. Schließen Sie die Augen und lauschen Sie.

Schon nach kurzer Zeit hören Sie leise Fußtritte und bald können Sie eine Figur ausmachen, die Ihnen bekannt vorkommt, ja, die sie lieben oder verehren. In meinem Fall ist es immer Astrid. Wer ist es bei Ihnen?

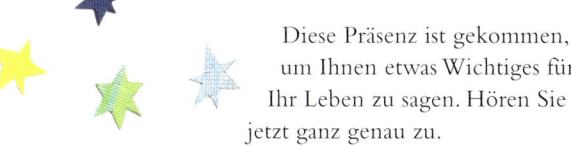

Diese Präsenz ist gekommen, um Ihnen etwas Wichtiges für Ihr Leben zu sagen. Hören Sie jetzt ganz genau zu.

Danach gibt Ihnen diese Figur ein imaginäres Geschenk, das für Sie eine große Bedeutung hat. Nehmen Sie es dankbar an. Es wird Ihnen direkt oder als symbolhafter Glücksbringer dienen.

Nach diesem Austausch verabschieden Sie sich herzlich von Ihrem Helferwesen und wissen, dass Sie sich, wann immer Sie sich unsicher fühlen oder Rat brauchen, es anwenden können.

Wie fühlen Sie sich jetzt? Entspannt, animiert, zufrieden oder gar glücklich? Bitte schreiben Sie alles, was Sie erlebt haben, in Ihr Meditationstagebuch.

6

Abenteuer Leben:
Kreativität und Fokus

Wir erschaffen unsere Welt selbst,
heißt es häufig. Und tatsächlich bestimmen wir
mit allem, was wir denken, fühlen und tun,
wer wir sind und wie sich unser Leben entfaltet.

Affirmation

»Ich lasse konstruktive Kritik zu und setze mich mit ihr auseinander. Selbstkritik reduziere ich auf das wirklich Notwendige. Ich schreite mit jenen Einsichten voran, die mir tatsächlich hilfreich erscheinen. Ich bemühe mich bei alldem, so gut ich kann im Einklang mit der Natur zu leben.«

Mantra-Meditation

Bisher haben wir uns noch nicht mit einer ganz besonderen Form der Meditation beschäftigt: dem Mantra. Mantras sind ähnlich wie Affirmationen Leitsprüche, die allerdings nicht eine gewisse Absicht erklären, sondern mehr mit der Kraft der Seele als dem Verstand arbeiten. Durch das häufige Wiederholen von Mantras entwickeln wir innere Stärke und Freude. Besonders beim Wiederholen von Mantras in Sanskrit, Pali oder Tibetisch (also uns meist unbekannten Sprachen) vertrauen wir darauf, dass die durch die Zeiten hindurch milliardenfach rezitierten Texte uns selbst dann helfen, wenn wir sie nicht Wort für Wort verstehen.

Mantras zu rezitieren hilft unserer Konzentration. Ich persönlich habe ein sehr schönes Mantra, das ich vor allem immer dann verwende, wenn ich mich auf Reisen begebe oder schwierige Situationen zu meistern versuche. Ich vertraue darauf, dass es mich schützt und negative Energien von mir abhält. Ich verwende dieses Mantra im Auto, beim Fahren mit dem Zug und auch beim Fliegen. Wenn ich in Gesellschaft bin, dann singe ich es lautlos (in meinem Inneren), wenn ich allein bin, dann auch laut. Ich wiederhole das Mantra immer dreimal und beende es mit »Om Shanti, Shanti Shanti«, was so viel heißt wie: »Möge das Universum (oder Gott) geheiligt sein.«

Meine Lehrerin Ursula Lyon beschreibt Mantras als Kraftquellen und als Worte, die aus »heiligen Silben« bestehen, die uns schützen können. Je mehr wir uns dem Mantra hingeben, desto intensiver behütet es uns.

 **5 Minuten**

Maha-Mrityunjaya-Mantra

Sanskrit, die indogermanische Sprache, in der mein Lieb-
lingsmantra geschrieben ist, klingt ausgesprochen ähnlich
wie das Deutsche. Sie können es genauso aussprechen, wie
Sie es lesen. Es stammt aus der Rigveda, einer yogischen
Schrift, und wird als Maha-Mrityunjaya-Mantra bezeichnet.
Es gehört zu den berühmtesten Mantras, die uns überliefert
wurden. Hier nun die Silben:

>»Om Tryambakam Yajaamahe
Sugandhim Pushtti-Vardhanam
Urvaarukamiva Bandhanaan
Mrityor-Muksshiya Maamritaat«

Die wortwörtliche Übersetzung finde ich nicht unbedingt
hilfreich. Aber der ungefähre Inhalt besagt Folgendes: »Wir
meditieren über die dreidimensionale Wirklichkeit, die alle
wie ein Duft durchdringt und nährt. Mögen wir vom Tod
befreit werden um der Unsterblichkeit willen.«

Was wir uns eigentlich nur merken müssen, ist, dass diese
heiligen Verse, die über Jahrtausende von Millionen von
Menschen gesungen wurden, uns vor Gefahr und dunklen
Emotionen bewahren und beschützen können.

Gehen Sie mit Leichtigkeit, aber Vertrauen an dieses Mantra heran. Am besten in einer aufrechten Haltung. Selbst wenn Sie liegen, sollten Sie das Kinn ein bisschen zur Brust ziehen und die Wirbelsäule vorsichtig strecken. Sie können die Silben zunächst auch einfach einige Male aufschreiben, dann im Inneren lesen, danach laut und schließlich eigene Töne dazu finden, wenn Sie es wünschen.

Es gibt mannigfaltige Versionen mit verschiedenen Melodien, die Sie natürlich auch kaufen oder herunterladen können. Aber einfache Folgen von Tönen, die aus Ihrem Urinnersten kommen, reichen vollkommen. Der Klang und die Bedeutung der Worte werden Sie mehr und mehr durchdringen und tief reinigen. Ich denke sogar, dass es keine Übertreibung wäre, wenn wir von einer Transformation sprächen. Wenn wir ein Mantra lange rezitieren, kann unsere Lebensfreude intensiviert werden. Wir spüren die Vibrationen in unserem ganzen Körper.

Lautlos zu rezitieren ist vor allem dann, dem lauten Singen vorzuziehen und genauso effektiv, wenn Sie in Gesellschaft sind, also zum Beispiel beim Check-in am Flughafen. Man liest immer wieder, dass Mantras beim rein gedanklichen Wiederholen sogar am tiefsten in uns eindringen.

 **5** Minuten

Om-Mantra

Wenn Ihnen das ganze Mantra zu komplex erscheint, können Sie auch nur mit der Silbe Om zu üben beginnen.

Es klingt eigentlich eher wie AUM.

Setzten Sie sich bequem hin, wenn möglich auf dem Boden entweder im Schneidersitz, in der Lotosposition für die ganz Beweglichen oder auf einem Kissen gegen eine Wand gelehnt. Die Verbindung mit dem Boden hilft dabei, dass Sie sich geerdet, verwurzelt und stark fühlen.

Finden Sie Ihren Ton, nicht zu hoch, nicht zu tief. Und dann:

»Aaaaaauuummmmh«

Ich zähle ungefähr 12 bis 15 Takte. Am Anfang werden es meist weniger sein. Wiederholen Sie diesen einfachen Klang immer und immer wieder, bis Sie sich wirklich ruhig und tief verankert fühlen.

Es ist interessant, dass in allen Sprachen, die zumindest ich kenne, diese Urlaute bei Babys am Anfang ihrer Sprachentwicklung stehen. Die meisten kleinen Menschenwesen lernen eben als Erstes: »Mama«, »Mutti«, »Ma«, »Oma«, »mum« und so weiter.

Generell ist das Wiederholen aller Vokale: a, e, i, o, u eine wirklich heilsame Methode. Sie hilft uns, wieder in Balance zu kommen. Versuchen Sie es doch mal fünf Minuten lang in Ihrer natürlichen Tonlage und gewünschten Lautstärke. Wieder und wieder … Sie werden sehen, dass es ein Heilmittel gegen Angst und Unruhe ist.

Mantras verbinden uns auf wundersame Weise mit dem Universum und allen Wesen. Sie beruhigen und nähren unsere Seele oder unser höheres Ich (oder wie immer Sie das, was Sie wirklich ausmacht und von anderen unterscheidet, nennen wollen).

 **5–10 Minuten**

Baum-Meditation

In dieser Praxis verbinden wir uns mit der Natur, in der
wir als Menschen ja früher vollständig gelebt haben. Aber
auch heute kann sie uns wieder mehr an das Wahre in uns
selbst, an das Urtümliche erinnern und uns helfen, eins mit
dem Himmel und der Erde zu werden. Das kann mit der
Zeit dazu führen, dass wir uns tatsächlich tiefer mit Mutter
Erde verbunden fühlen und stärker motiviert sehen, uns
selbst und allem anderen, das da lebt, Gutes zu tun. Und
natürlich tut es auch uns selbst gut zu spüren, dass wir Teil
dieses großen Ganzen sind.

Gehen Sie in einen Park oder Wald und finden Sie »Ihren«
Baum. Ich zum Beispiel habe eine alte Eiche ganz in der
Nähe meines Wohnbereichs. Stellen Sie sich vor diesen
Baum hin und berühren Sie sacht seine Rinde. Fragen
Sie sich, wie lang es ihn wohl schon gibt. Was hat er nicht
schon alles miterlebt? Mein Baum ist sicherlich mehrere
Hundert Jahre alt.

Nun lehnen Sie sich gegen den Baum, stehend oder sitzend
oder aber berühren den Baum mit einer oder beiden Händen. Selbst wenn man dicht bei ihm steht, sind ja seine
Wurzeln direkt unter uns. Können Sie das pulsierende Leben in ihm fühlen? Vielleicht – es muss aber gar nicht sein.

Atmen Sie jetzt tief ein und lassen Sie mental den Atem hinunter zu Ihren Füßen wandern und dann noch tiefer in das Erdreich hinein. Stellen Sie sich vor, wie die Wurzeln des Baumes Ihre Atemenergie aufsaugen und den ganzen Baum durchströmen.

Der Baum sendet diese frische Energie hinauf in den Him- mel, von wo sie in Form von Luft oder Regen wiederum zu Ihnen herunterkommt und bei jedem neuen Atemzug in Sie eindringt.

Dieser Kreislauf des Lebens wieder- holt sich ständig. Genießen Sie die Verbindung zur Natur und zum reinen Atmen, bis Sie fühlen, dass Sie für heute genug davon geschöpft haben.

10 Minuten

Tanz des Lebens

Ich wurde zum Meditieren im Tanz bei einem einwöchi-
gen Seminar mit Petra Klein vor ungefähr 15 Jahren auf
Teneriffa inspiriert. Ich habe dadurch gelernt, wie ich mich
selbst besser »erfahren« und mehr Harmonie zwischen
Körper, Geist und Seele kreieren kann.

Jeder kann tanzen – ich spreche hier vom freien Tanz, den
man oft schon bei kleinen Kindern beobachten kann. Was
wir in diesen Momenten erleben, übertragen wir dann wie
von selbst ins »ernstere« Leben: Leichtigkeit, Lebensfluss,
Hingabe, Fröhlichkeit. Schon Sigmund Freud hat
gesagt, dass man täglich regredieren (sich also
wie ein Kind benehmen) soll, um mental in
Balance zu bleiben. Durch diese Meditations-
form können wir oft auch tiefe Bedürfnisse
oder seelische Verletzungen an die Oberflä-
che bringen und uns dadurch selbst heilen. Also:

Wählen Sie ein Musikstück aus, das ganz sanft und ruhig
klingt. Stellen Sie sich in die Mitte des Raumes (allein und
ungestört) und beginnen Sie, mit diesen sanften Rhythmen
von links nach rechts zu schwingen wie Blätter bei einer
sanften Brise. Nutzen Sie den ganzen Körper: Rumpf, Beine,
Arme, Schultern, Rücken, Hüften, Becken, Brust, Nacken,

Kopf. Lassen Sie sich förmlich treiben und fühlen Sie, dass es Sie gibt, dass Sie zählen und wichtig sind, ein Teil dieser wundervollen Schöpfung.

Jetzt wählen Sie ein Stück, das intensiver wirkt: Lassen Sie Trommeln, Cymbeln oder andere Schlaginstrumente oder Xylofone dabei sein. Ich verwende oft balinesische, afrikanische oder südamerikanische Musik. Hier können Sie sich noch mehr gehen lassen, sich wilder bewegen, auch mal in die Luft springen, sich schütteln, schneller tanzen, Laufschritte einbauen, in die Hände klatschen oder mitsingen. Alles, was Sie vollkommen frei von der Seele ausdrücken können, ja müssen. Tanzen Sie so lange, bis Sie sich freier und frischer fühlen.

Gern können Sie sich anschließend bei ganz sanfter Musik – vielleicht bei elektrischen Gitarren von Santana oder sanften Geigen – wie bei der Ruhe nach dem Sturm selbst umarmen, zärtlich drücken oder sich nur hinsetzen oder legen und sich von der Musik und den Rhythmen umarmen lassen.

Wir lassen bei dieser Meditation unsere Scheu los, unsere Hemmungen. Wir spüren das Kind in uns, das sich ganz natürlich und frei ausdrückt, egal, was andere sich dabei denken mögen. Diese Meditation kann zur Stärkung der Selbstannahme und der Selbstsicherheit führen. Wir finden in uns selbst Energie und Kreativität.

 **10–20** Minuten

Inspirationsmeditation

Diese Meditationsübung eignet sich vor allem dafür, sich eine lohnenswerte Zukunft auszumalen und zu kreieren. Ziehen Sie sich dafür in einen ruhigen, friedlichen Raum zurück, wo Sie die Möglichkeit haben, Musik zu hören. Ich lade Sie ein, nicht mit Kopfhörern zu agieren, sondern die Musik im ganzen Umfeld frei fließen zu lassen. Sie brauchen dafür kein perfektes Tonstudio, es geht nur darum, im Hintergrund friedliche, sanfte Töne erklingen zu lassen. Mozart, Bach, Naturrhythmen, was immer Sie in eine innerlich ruhige, aber zugleich aufmerksame Stimmung versetzen kann.

Sie können diesmal auch einen guten Kräutertee und vielleicht Schokolade mitnehmen, alles, was hilft, Sie fröhlich zu stimmen. Das Zimmer sollte einen großen Tisch oder einfach ein Stück Boden ohne Möbel haben, wo Sie Platz haben, ein großes Stück Papier auszubreiten. Bunte Stifte sollten Sie sich ebenfalls bereitlegen. Wenn es ein geliebtes Haustier gibt, das auch mal ein wenig still sitzen kann und dabei einfach nur gekrault werden will, dann laden Sie es in diesen Kreativraum mit zu sich ein.

Lassen Sie sich nun ein-
fach spielerisch auf diese
Entdeckungsreise ein.
Zunächst lauschen Sie nur
der Musik und setzen sich
bequem vor das Papier hin.
Die Stifte liegen daneben und
Sie schließen Ihre Augen und
atmen ein und atmen aus … ein
und aus …

Und jetzt stellen Sie sich folgende Frage: »Was
will ich wirklich als Nächstes in meinem Leben tun? Was
will ich wirklich, was brauche ich tatsächlich, was wünsche
ich mir zutiefst?«

Lauschen Sie der Musik und nehmen Sie einen Stift,
irgendeinen. Wann immer Ihnen ein Wort oder ein Satz
einfällt, schreiben Sie ihn auf. (Natürlich können Sie dazu
die Augen öffnen). Egal ob die Ideen, die in Ihnen aufstei-
gen, Sinn machen oder nicht, egal ob sie zusammenhängen
oder nicht: einfach schreiben. Wechseln Sie zwischendurch
die Farbe. Atmen Sie, hören Sie, gehen Sie in sich, ohne
eine bestimmte Erwartung. Springen Sie in den Fluss der
Ideenenergie hinein und tauchen Sie nach Ihren Schätzen.
Ganz gleich, ob es darum geht, eine neue Arbeit zu finden,
interessante Menschen kennenzulernen oder sich einem
neuen Hobby zu widmen.

Bleiben Sie 10 bis 20 Minuten in diesem Energiezustand. Wenn Sie fühlen, dass es für heute genug ist, dann beenden Sie diese Kreativmeditation. Bitte versuchen Sie, nicht gleich alles zu lesen und zu einer Geschichte oder zu einem Beschluss zusammenzureimen.

Wiederholen Sie diese Übung drei- bis siebenmal in einer Woche und wenn Sie einige Blatt Papier beschrieben haben, dann lesen Sie sich Ihre aus dem Unterbewusstsein aufgetauchten Ideen durch. Manchmal in der Stille und dann auch wieder mit Ihrer Hintergrundmusik. Es ist sehr wahrscheinlich, dass Sie sich nun einen Reim auf diese Worte und Sätze machen können. Dass Sie einen Wegweiser darin sehen, ein neues Ziel. Es muss nicht unbedingt gleich alles logisch oder final erscheinen, aber ein Hinweis wird zumindest erkennbar sein.

Schlusswort

Nun sind wir auch schon am Ende dieses Büch-
leins angelangt. Ich habe Ihnen eine ganze Reihe
von Meditationen, Affirmationen, Visualisationen,
Bewegungsfolgen und Mantras vorgestellt.

Ich hoffe sehr, dass Sie nach dem ersten
Durchblättern etwas finden, das Sie gern aus-
probieren wollen. Geben Sie sich einen kleinen,
liebevollen Ruck und versuchen Sie es einfach.
Vielleicht beginnen Sie auch mit jener Übung,
die Sie besonders ungewöhnlich oder
sogar seltsam finden. Man kann nie wissen, was
sich hinter diesem ersten Eindruck alles versteckt.

Zum Abschluss übergebe ich Ihnen eine Meditation, die mir von meiner Lehrerin Ursula Lyon beigebracht worden ist. Sie hat sie mir sehr ans Herz gelegt, denn in ihrer Einfachheit liegt ein großes Potenzial.

Sie hat die Kraft, Ihnen zur inneren und vor allem zur geistigen Ruhe zu verhelfen.

Ursula sagt, dass man nur dann sein eigenes Dasein wirklich spürt, wenn man auch einen Zugang zu seinem Körper hat. Und den verstärkt diese ursprünglich aus Myanmar stammende Meditation.

Wir berühren geistig immer wieder acht Punkte in unserem Körper … eine einfache, nicht zu hohe Zahl, die den Geist doch davor bewahrt, an Probleme und To-do-Listen zu denken. Der immer wiederkehrende Ablauf bändigt den hyperaktiven Geist und bringt ihn schließlich zur Ruhe. Es ist eine Meditation, die überall und jederzeit möglich ist.

Acht-Punkte-Meditation

Setzen Sie sich an Ihren Meditationsplatz.
Wählen Sie eine Haltung, in der Sie für 15 bis
30 Minuten mühelos sitzen können.

Sagen Sie sich zunächst im Inneren: »Hier sitze ich
jetzt gut, ganz sicher und aufrecht, mit Demut.«

Beginnen Sie mit Ihrem rechten Fuß und wiederholen Sie
auch diese Worte in Stille: »Hier ist mein rechter Fuß. Ich
spüre ihn oder weiß, dass er da ist.«

Dann bewegen Sie Ihre Aufmerksamkeit nach oben zum
rechten Knie: Wieder fühlen, spüren Sie es oder wissen,
dass es da ist.

Danach geht es hinauf zur rechten Gesäßhälfte, wo Sie
ebenfalls spüren, fühlen, wissen, dass sie da ist.

Nun gehen Sie mit Ihrer Wahrnehmung zum linken Fuß:
spüren, fühlen, wissen, dass er da ist.

Weiter zum linken Knie: spüren, fühlen, wissen, dass es da ist.

Nun zur linken Gesäßhälfte: spüren, fühlen, wissen, dass sie
da ist.

Nun wandern Sie zur rechten Hand: Sie spüren, fühlen und wissen, dass sie da auf Ihrem Schoß liegt.

Es folgt die linke Hand: spüren, fühlen, wissen, dass sie da ist.

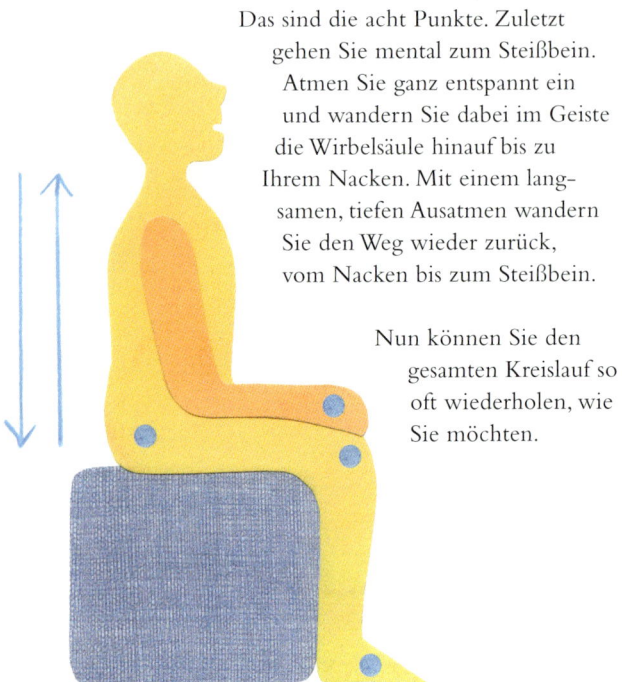

Das sind die acht Punkte. Zuletzt gehen Sie mental zum Steißbein. Atmen Sie ganz entspannt ein und wandern Sie dabei im Geiste die Wirbelsäule hinauf bis zu Ihrem Nacken. Mit einem langsamen, tiefen Ausatmen wandern Sie den Weg wieder zurück, vom Nacken bis zum Steißbein.

Nun können Sie den gesamten Kreislauf so oft wiederholen, wie Sie möchten.

Die Acht-Punkte-Meditation im Überblick

- rechter Fuß
- rechtes Knie
- rechte Gesäßhälfte
- linker Fuß
- linkes Knie
- linke Gesäßhälfte
- rechte Hand
- linke Hand
- einatmen: vom Steißbein zum Nacken
- ausatmen: von Nacken zum Steißbein

Sie werden sich nach dem Üben konzentrierter und besser energetisiert fühlen, dies aber auf eine entspannte und ruhige Weise. Ein idealer Ausgangspunkt, um kreativ zu sein und ganz bei sich zu bleiben. Sie werden auch immer besser wahrnehmen, woran Sie mental oder emotional noch arbeiten wollen.

Meditation kreiert Harmonie

Durch den Wechsel von Fokussieren und Loslassen können wir sowohl innere als auch äußere Konflikte nach und nach beheben und langsam wieder in die Balance finden. Meditation hilft uns, die kleinen Wunder des Lebens wahrzunehmen – sie zu sehen, zu spüren oder auch zu hören. Lassen Sie sich auf diese Reise in das wahre Leben ein, denn nur dann werden Sie sich wirklich als Teil davon empfinden und es schätzen, würdigen und auch behüten wollen.

Mögen Sie sich sicher und geliebt fühlen.
Mögen Sie die Freude und die Abenteuer Ihres Seins
mit tiefer Demut und Dankbarkeit erleben und
annehmen.

Über die Autorin:

Dr. Patrizia Collard ist Psychologin, Psychotherapeutin und Lehrbeauftragte an der *University of East London*. Zur Achtsamkeitstrainerin wurde sie u.a. ausgebildet von Jon Kabat-Zinn. Sie hält regelmäßig erfolgreiche Achtsamkeitsseminare in England, Österreich, Deutschland, Irland, Portugal und Slowenien ab.

www.achtsamkeitleben.at
www.stressminus.co.uk

Achtsamkeitsbücher von Dr. Patrizia Collard

ISBN 978-3-453-70310-0

ISBN 978-3-7787-8272-9

Leseprobe unter: www.heyne.de

HEYNE‹